AF314357

AUTRES DÉTACHEMENS

DE

LA LANGUE

PRIMITIVE.

AUTRES DÉTACHEMENS

DE

LA LANGUE

PRIMITIVE:

Celle des François, la même que la Langue des Gaulois, leurs Ancêtres; Découverte importante pour tous Instituteurs.

Par M. LE BRIGANT, Avocat.

Qui ipsorum Linguâ Celtæ . nostra Galli vocantur.
CÆSAR, Comm.

A PARIS,

Chez L'AUTEUR, Hôtel Dugueſclin, rue de Seine, Fauxbourg Saint-Germain.
Et chez CAILLEAU, Imprimeur-Libraire, rue Gallande N°. 64.

Avec Approbation & Privilège du Roi.

1787.

AVANT-PROPOS.

« CENT Pédans, dit un Auteur du tems, veu-
» lent apprendre aux Enfans la Langue Latine,
» avant qu'ils fachent leur propre Langue; tandis
» qu'il faut en favoir une *à fond*, pour en bien
» apprendre une autre. Comme on s'eft lourde-
» mépris dans tous les fiftêmes d'études » !

Ce n'eft pas pour reprocher la *méprife*, que l'on
préfente ce morceau, mais pour la réparer, fi la
chofe eft poffible ; & pour offrir le moien infail-
lible de ne plus fe *méprendre* à l'avenir. Si le
fort des États dépend des facultés de ceux qui font
à la tête ; & fi les Enfans des Rois, comme l'écri-
voit Alexandre à fon Précepteur Ariftote, doivent
furpaffer les autres hommes en connoiffance
comme en pouvoir; ce que *cet Infituteur* Grec
ne fçut pas, non plus que ce *Juif* fi favant qu'il
vit en Afie, feroit peut-être de *mife*, au moment
où l'on prépare les plus belles chofes pour l'inftruction de l'*Enfant* qui doit commander un jour

aux defcendans de ces mêmes Celtes, ou *Anciens Gaulois.*

Disk, Celtique ; *difco*, Latin ; *didasko*, Grec ; *diské an*, « ôter la haie, les ronces & les épines, » les difficultés qui déconcertent, & qui dégoûtent » fouvent les meilleurs efprits. *Vie de Monfeigneur le Dauphin*, par l'Abbé Proyard ».

LA LANGUE

DES

FRANÇOIS,

LA MÊME QUE CELLE DE LEURS ANCÈTRES.

On offrit, il y a quelques années, aux Savans de l'Europe, une démonſtration qui les étonna ; que le *Hanſcrit*, ou la Langue ſavante des *Brames* de l'Inde, n'étoit que du pur *Celte Gomérite*, ou ancien *Gaulois*.

On écrivit de Paris ce qui ſuit, à l'Auteur de cette démonſtration. « Je vous avoue que cette » analogie de la Langue des Brames & du Breton, » eſt ici l'objet de grandes réflexions ; quoique de- » puis ma maladie j'aie vu peu de monde, je l'ai

» trouvée bien *fomentée*, plus que vous ne vous » imagineriez ; il faut que cette idée puiffe vous » approcher de nous ». Ces mots ont été prefque prophétiques, & l'Auteur eft à Paris. Il va donc préfenter une autre chofe, qui, chez des *François*, doit mériter une attention plus particulière encore, parce qu'elle les touche de plus près.

Il eft indifpenfable, avant de commencer, de faire ici une obfervation des plus fingulières : c'eft que la *Langue Françoife*, n'eft du tout pas celle qui eft connu fous ce nom.

En effet, *Frank téod*, *Frandoid*, *Francois*, *François* ou *Français*, comme a écrit Voltaire, en faifant difparoître la trace de l'étimologie, dit à la lettre la *Langue des Francs*, la même que le *Téodig*, la petite Langue ; le *Teudifque* ou *Teudefque*, la Langue des Germains ; & celle-ci, comme on le verra dans la fuite, eft tout autre que celle que les François parlent aujourd'hui.

Lorfqu'on eft en état de démontrer la chofe par elle même, il paroît inutile de s'arrêter à déduire des raifons. C'eft donc le premier parti qu'on va

prendre; & cette démonſtration ſervira pour dif-
férentes fins à la fois.

Premièrement, pour montrer quelle eſt l'origine
& la véritable ſource de la Langue que parlent
aujourd'hui les François; quelle fut ſa mère, &
d'où elle eſt venue.

Enſuite, quelle fut l'*aïeule* ou la mère de cette
mère; & enfin, quelle fut la mère de la troiſième,
& la *biſaïeule* de celle des François.

Pour établir cette preuve, & pour donner une
baſe à la démonſtration, nous avons heureuſement
un Monument bien reſpeſtable, & bien propre à
nos vues. C'eſt le ſerment de Louis-le-Germa-
nique, & de Charles, ſon frère, lorſque prêts à
livrer bataille dans une vaſte campagne auprès de
Strasbourg, ils donnèrent le beau ſpeſtacle de leur
réconciliation & de leur concorde; & jurèrent l'un
après l'autre, l'obſervation du Traité qui devoit
la cimenter.

Pluſieurs Auteurs ont fait mention de ce ſerment
mémorable, ſans que l'on ait ſenti tout le cas que
l'on doit en faire, & ſans qu'on en ait connu tout
le prix.

C'eſt *Nithard*, Auteur contemporain, auſſi diſtingué par ſes talens que par ſa naiſſance, qui nous l'a conſervé. Il étoit petit-fils de Charlemagne, par Berthe, ſa fille, épouſe d'Angilbert, que cet Empereur, des Savans l'ami, regardoit comme le meilleur des ſiens, & appelloit *ſon Homère*. Le ſerment eſt rapporté dans le récit de l'accord que les deux frères firent enſemble auprès de la Ville, en huit cent quarante-deux.

C'eſt le premier, & le plus ancien monument qui exiſte des deux Langues, *Romanſe & Tudeſque*; & il eſt d'autant plus précieux & plus digne d'attention, qu'il eſt le ſeul de ces tems, qui puiſſe donner une idée ſûre des deux langages. On le trouve à la page 228 des Pièces Juſtificatives de l'Hiſtoire de l'Égliſe, & des Evêques de Strasbourg, par l'*Abbé Grandidier*, de vingt à vingt-cinq Académies, qui en avoit envoié une copie exacte à celui qui écrit, pour en avoir une traduction en Celte *Gomérite*, ou ancien *Gaulois*.

Pour rendre la comparaiſon plus commode, & la démonſtration plus frappante encor; on poſera les deux textes vis-à-vis l'un de l'autre, afin qu'on puiſſe les avoir ſous les yeux à la fois.

LANGUE ROMANSE.	FRANÇOIS.
Pro Déus amur, & pro Chriſtian Poblo, & noſtro commun ſalvament, diſt di en avant in quant Déus ſavir, & podir me dunat.	*Pour de Dieu amour, & pour le Chretien Peuple, & noſtre commun ſaulvement, de ſte di en avant en tant que Dieu ſavoir, & pouvoir me donnât.*

Il n'eſt aucun François, quelque diſtrait qu'il puiſſe être, qui, jettant les yeux ſur ces deux textes, ne conviennent franchement que c'eſt la même choſe, à quelques lettres près, ſupprimées ou changées, & qui ne reconnoiſſe la même choſe que ce que nous exprimerions aujourd'hui par les termes ſuivans :

« Pour l'amour de Dieu, & pour le Peuple
» Chrétien, & notre ſalut commun de ce jour à
» l'avenir, en tant qué Dieu me donnera la con-
» noiſſance, & le pouvoir ».

D'après ce qui précède, la première conclufion eſt bien aiſée à déduire ; & le réſultat de la démonſtration eſt : que la Langue Françoiſe d'aujourd'hui, eſt preſque la même que la *Romanſe*, ſa mère ; & qu'elle eſt ſi reſſemblante, qu'on ne peut révoquer en doute, ni ſa *deſcendance* direĉte, ni ſa légitimité.

Il faut à préſent, que cette première conclufion en amène une ſeconde ; & pour la faire venir, on procédera de la même façon.

ROMANS.	LATIN.
Pro Déus amur, & pro Chriſtian Poblo , & noſtro commun Salvament, diſt di en avant in quant Déus ſavir, & podir me dunat.	*Pro Dei amore , & pro Chriſtiano Populo, & noſtro communi ſalvamento , de iſto die in adventurum in quantum Deus ſapere , & poſſe me donet.*

Si quelque perſonne, de celles qui ſe piquent de bien ſavoir le Latin, ſe donnoit la peine de confronter ces deux textes, à quelques altérations près dans la colonne où eſt le Romans, elle verroit sûrement l'identité dans le ſens & dans les mots ; car il n'eſt aucunement à craindre, qu'une reſſemblance ſi frappante, ſoit d'eſpèce à n'être pas apperçue.

On penſe donc, que ſans inſiſtance, on laiſſera paſſer la déduction de la ſeconde concluſion : que la Langue *Romanſe* n'eſt autre que la *Romaine* ou la Latine, comme ſon nom l'atteſte encore, un peu altérée dans quelques-uns des mots.

Ces deux points démontrés, permettent de paſ-ſer au troiſième, en procédant toujours de la même manière, & en ſuivant pied à pied la même méthode dans l'opération.

Denis d'Halicarnaſſe a dit, « en parlant de la » Langue des Romains, que cette Langue n'étoit, » ni entièrement *Barbare*, ni entièrement *Grecque*, » mais un *mélange* de toutes les deux ».

S'il avoit connu plus exactement la Langue dont il parloit, il auroit vu qu'il n'y a eu que l'abus & l'intruſion de la déclinaiſon, avec l'écart & l'oubli de la conjugaiſon régulière, qui aiant paſſé du Grec dans le Latin , ont couvert, comme de *mafques* , le fond de la Langue des Celtes *Ombriens* , les plus anciens habitans du *Latium* ; puifqu'au dire des anciens Auteurs, ils y étoient avant l'arrivée de *Saturne* , le père des Dieux des Grecs.

On paffe encore à une démonftration auffi évidente fur ce point, qui fera voir que cette Langue Latine , n'eft autre en effet, que celle de ces *Ombriens* , que Zénodote de Trézène nomme la Nation la plus ancienne de l'Italie.

L A T I N.	CELTE GOMÉRITE.
Pro Dei amore , & pro Populo Chriftiano , & noftro communi falvamento de ifto die in adventurum in quantum Deus fapere, & poffe me donet.	Bé ro Té uss amo rai, & bé ro Popl Chriften , & ni o zé ter commun falvach mént , de zé té dé in ad ven tou ra om in couant Té uss fav é rai, & bout zé mé dôn ét.

On a vu ci-devant la fille & la petite fille de la Langue des Romains ; la dernière eft fa *mère* pro-

pre, auffi reconnoiffable que celles qui font venue*
d'elle, qui en tiennent trop, & qui font trop ref-
femblantes, pour qu'il leur foit poffible de la défa-
vouer. En effet, fi l'on fupprime les finales de la
déclinaifon, venue, comme on l'a dit, des *Grecs*,
& defquelles la Langue Latine a été furchargée ;
les *o* dans *populo*, *noftro*, *falvamento*, & les *é* à la
fin des autres mots; on ne trouve plus que les mots
de la Langue de ces Celtes Gomérites, premiers
habitans du *Latium*, les mêmes que les *Kelétes*,
Celtes, dont une des branches, nommée *Ghéallis*,
Galli ; ceux de l'autre côté des Alpes, fut la fouche
d'où vinrent les Ancêtres des Gaulois.

C'eft en effet le Celtique pur, cette Langue
antique, & *anté-diluvienne*, qui fut d'abord celle
de toute la Terre, & enfuite de l'Europe, à prendre depuis le Cap Finifterre jufqu'à l'Hellefpont.
Les Elémens de cette Langue, imprimés en 1779,
à *Strasbourg*, chez Lorenz & Schouler, ont établi
une partie de ces vérités ; & les Savans, qui lui
ont accordé leurs fuffrages, ont vu avec plaifir
ces points démontrés, de manière à exclure toute
conteftation.

Après avoir fait voir clairement ce qu'eſt la Langue Françoiſe, il reſte à démontrer avec la même évidence, ce qu'on a cru qu'elle *étoit*; & cependant, ce qu'elle n'eſt pas. On ne changera pas de méthode, mais on ſe tiendra conſtamment à celle qu'on a ſuivie.

FRANKTÉOD.	FRANÇOIS.
In Godés minna, ind durh tés Chriſtianes Folches, ind un zer Bedhéro géhaltnizzi fon thé-femo dage , fram mor dés ſo fram , ſo mir Got gévizzéi indimahd furgibit.	*En l'amour de Dieu, & pour le Chrétien Peuple, & pour notre commun ſalut, de ce jour notre & de ceux qui le ſuivront, ſi Dieu me conſerve ſouvenir & pouvoir.*

Si dans ces deux textes il y a deux mots qui ſe reſſemblent, à l'exception de *Chriſtianes* à *Chrétien*, on prie en grace de les indiquer; ſinon, la concluſion eſt inévitable encore, que le *Fránktéod* ou la Langue *Tudeſque*, mère de l'Allemand d'aujourd'hui, n'eſt du point la Langue *Françoiſe*,

celle

celle qui porte ce nom, & que parlent les François.

Quelque inftruĉtif que ce morceau puiffe être,
pour ceux qui prennent intérêt à la connoiffance
des Langues, qui s'en occupent, & font dans le
cas d'en donner des leçons; on ne le préfente que
comme un échantillon de cette Langue de nos
Ancêtres, qui plus ou moins altérée, fe retrouve
dans toutes celles de la Terre; la même que celle
qu'on parloit à Paris il y a *deux mille ans*, c'eft-
à-dire, avant le ravage des Gaules & la venue des
Romains; & en un mot, cette Langue *Originelle*,
fans laquelle il eft impoffible de parvenir à la
connoiffance exaĉte des autres *Langues*; & à la
connoiffance des mots, indifpenfable pour parvenir à celle des chofes, en quelque endroit que
ce puiffe être, & chez quelque Nation que ce foit.

A D D I T I O N.

Si l'on ajoute quelque chofe de plus à ce que
l'on vient de lire, ce n'eft aucunement dans l'idée

qu'il manque rien à la démonſtration préſentée; c'eſt ſeulement pour la fortifier encore, & aſſurer à cette belle Langue des Celtes *Gomérites*, le droit d'aîneſſe, & l'antériorité. Cette démonſtration peut s'étendre, avec la même évidence, à tout autre Langue que l'on pourroit citer.

On a vu combien le *Franktéod* ou *Tudeſque*, eſt, en apparence, diſparate ou étranger au Fran-çois. On va voir encore, que ce n'eſt cependant, non plus que la Langue Allemande d'aujourd'hui, fille de l'ancienne *Tudeſque*, qu'un thême fait ſur un autre tour, de la même Langue *Gomérite*, dont toutes les autres ne ſont que des fragmens ou des branches rompues. Ces deux dernières deſcendent d'elle par la Langue *Gothique*, ou celle des enfans de Magog ; père des *Scithes*, dont les Germains, pères des Allemands, ſont venus.

On procédera toujours de la même manière, en mettant les deux textes l'un à côté de l'autre, & à la fois, ſous les yeux du Lecteur.

TUDESQUE.	GOMÉRITE.
In Godes minna, in durh tes Kriftianes Fol-ches, ind unzer bedhéro géhaltnizzi fon théfemo dage frammordés fo-fram, fomir Got gévizzi indimadh furgibit.	En Goutézé mennat en dor hé té zé Criften Féol ké zé, end onn zer bé dé ro ghé al lé ni zi, fé onn té zé me aou dé fera mo red é zé, zo fé ra mé zomir Gou té ghé vi zi end i mad four ghi vi té.

L'on voit avec la même facilité le rapproche-ment de ces deux textes, dont le premier, malgré fa vétufté, n'a rien, que l'autre ne préfente en-core avec le même fens.

L'Allemand moderne, ou le Tudefque de nos jours, ne fera pas plus réfraêtaire, & ne préfen-tera pas plus de difficulté pour la comparaifon.

ALLEMAND.	GOMÉRITE.
In Gottes liebe und durh des Chriftli chen	En Goutézé léi bé ont dor hé de zé Chrift

ALLEMAND.	GOMÉRITE.
Volkes , unfer béader erhaltung , von diéfem tage , an hinféihro foferen mir Gott Wésheit und macht gibt.	lé i ké én Mé ol ké zé , ont onn zer bé é der és ha lé tou en ghé , vé onn di e zé mé dé an in fo hé ro zo fé rai én mén Gou té ouis zé et ont mah ghé i bi té.

Quelque groffier que foit l'arrangement des mots, & quelque lourd que foit l'affemblage ou l'emploi des Elémens de la Langue *Originelle* , dont celle-ci , comme la précédente , & la Gothique , leur mère , font formées ; rien ne fe trouve en aucune d'elles, qui n'appartienne & ne foit tiré du fond du *Celte Gomérite.* L'afpérité des fons , la rudeffe de la prononciation , & le redoublement des confonnes , font les feules caufes de la diffemblance légère qui fe trouve entre les mots fuivans ; *dourh* , & *tor* ou *dor hé* ; *volkes* on *folches* , & *vé ol ké'ç tage* & *dé* , qui fignifie jour ; *mir* moi , & *mé* ou *mén* , la finale de l'*amen* des Hébreux , & qui eſt également le pronom de la première perſonne ; tout ſe retrouve en eſſence: & ſi l'on avoit là-deſſus quelque doute , il ſeroit facile de l'écarter, en ou-vrant les Elémens de la Langue Gomérite , ci-devant cités.

Malgré ſa brièveté, ſeul reproche fait par des connoiſſeurs, on y trouvera ce qui eſt néceſſaire pour fournir la preuve de l'identité de ces mots.

Le deſir qu'on a de ne point excéder, cède ici pour un moment, à l'envie d'ajouter le même texte en Langue *Angloiſe* , autre branche de la *Gothique* , & fille de l'*Anglo-Saxon* , celle que l'on parloit dans partie de l'Iſle Britannique du tems d'*Alfred-le-Grand* , Contemporain de *Charle-magne* ; & de *Haroun Alraſchid* , Calife des Ara-bes , trois hommes de mémoire durable , ami des Sciences & des Savans ; que celui qui règle tout , donnoit preſque dans le même ſiècle à la Terre, pour empêcher les habitans des plus belles parties , & de l'ancien Continent, de retomber dans les ténèbres de l'ignorance, ſuivies, pour l'ordinaire, de la dégradation & de la barbarie.

B 3

ANGLOIS.	GOMÉRITE.
For love of God, and for thé Chriſtian People, and our common ſalvation, from this dai for thé future, as much God ɡive mé thé knovvledge and povver.	Féor léo vé o fé Gou té, end fé or té Chriſten Popl, end or commun zalva ti onn féro mé té i zé dé fé or té vo tou rai, as mû Gou té ga vé mé té cou en lé dé ghé, end bé voar.

Tout répond exactement, & de la même manière vient renforcer la démonſtration & confirmer ce qui eſt avancé.

Tel eſt le Monument dont on a découvert l'*enſemble*, le plus beau préſent qui puiſſe être offert aux Souverains de l'Europe, à chacun en *ſa Langue*, pour la Nation dont il eſt le Chef :

Et ſur-tout, à celui auquel il doit appartenir en propre ; qui, par une Loi particulière, ſon Edit du 21 Décembre 1776, « a déclaré qu'il » iroit au-devant des hommes modeſtes, qui ne » demanderoient, ni récompenſe, ni ſervice, n¹

» encouragement, auxquels les talens & les chofes
» rares ont droit de prétendre » ; le dépofitaire de
celle-ci , ne demandant autre chofe, fi ce n'eft
qu'on daigne faire attention à celle qu'il offre,
& empêcher qu'elle ne difparoiffe , & ne retombe
encore fous les ruines de la terre, & dans la nuit
du tems dont il l'avoit tirée.

Ne feroit-il pas fondé , en appellant du fecours ,
à reclamer ces belles paroles du même Monarque ?
« N'eft-ce pas une affaire d'équité, de donner la
» préférence à ceux , qui n'aiant, ni ami, ni pro-
» tecteur à portée du Trône, méritent par cette
» raifon, d'être promptement & efficacement fe-
» courus ? Les gens de bien font aifés à recon-
» noître , ils ne demandent rien , & ne méritent
» que plus d'attention ».

CERTIFICATION des mots du Serment, que l'on peut vérifier dans les Dictionnaires, en prenant ceux des Langues qui se servent de ces mots.

Pro Latin, *Béro* Celtique; ce qui est donné, ce qui est pour: le *Por* Romans & Espagnol, le *Pour* François, le *Doron* Grec; *Doro*, ce qui est donné; le *Baro*, Siriaque; *Béaro*, ce qui est donné, exactement le même.

Deus Dieu, le *Theus*, *Zéus*, Grecs; *Teuz*, Celtique, *tu es au-dessus*; le *Bélus* Caldéen, *Béléuz*, celui qui est au-dessus; l'*Eléos* des Grecs, *Éléuz*, qui est au-dessus; *Eloah* Hébreu, *Eloha* Caldéen, *Eléoh* vous êtes au dessus; l'*Hezus* des Thraces; *Hezéuz*, qui est au-dessus de tout.

Amor, *amo*, j'aurai, l'acte qui exprime le desir; *amour* François, *amor* Espagnol, & *amore* Italien; tous analogues au mot *himo* Finois, qui est le nom de la demande que l'on fait d'une épouse; *himo*, 'aurai-je ? C'est-à-dire, me fera-t-elle accordée ?

Populus Latin, *Pobl*, *Poblo*, *Pople*, Peuple;
Pob ol Celtique, chaque tous ; c'eft-à-dire, chacun
des individus qui compofent l'affemblée, la com-
munauté.

Nofter, Latin, compofé des quatre mots *Ni aou
χé ter*; c'eft *ter*, le morceau, la partie qui eft à
nous, qui nous revient. Ce *ter* eft la racine du Grec
terein, du Latin *terere*, brifer ; du François *altérer*,
rompre, divifer, & tant d'autres.

Commun, *communis*, Latin ; *ké om eun*, ce qui
eft à nous tous enfemble en Celtique, ce qui appartient à tous à la fois, & qui n'appartient à aucun
en particulier.

Salvament, *falvach ment*, fauvetage, portion de
fauveté, l'action de fauver, le falut. *Zalv, χé al lévé*,
ce qui eft au-deffus, hors de rifque, & à l'abri du
danger. Ce *ment* eft la finale de tous les fubftantifs
Latins qui fe terminent par *mentum* ; & de tous les
adverbes François, comme des mêmes fubftantifs
tempéramment, grandement, fortement.

Dé, Latin corrompu du *di* Celtique ; les *de du*
François, *dé* Efpagnol, qui ont tous pris le

mot *dé*, qui fignifie jour, pour le *dé* propofi-
tion.

Iƒto Latin, *iƒté*, *i ʒé te* Celtique ; cela eft à toi,
ce qui eft proche, ce que tu vois, tu tiens, ou tu
peu faifir. *Ti én*, atteins-le, prends-le, il eft à toi.

Dies Latin, *di*, *dou*, notre *dé* Celtique corrompu ou énoncé par une autre lettre, le jour,
djour; *dé or* en Celtique, ou *di or*, la lumière, l'ou-
verture qui donne le jour. Les *di*, *dig*, *dag*, *tag*,
taage, des Langues du Nord.

In Latin, *en* Celtique & Grec; François pro-
noncé par *a*, en cela. *In*, Allemand & Anglois;
en, dedans ou à; *in London*, dans Londres.

Advenire Latin, *avenir* François, *ad vé en* Celtique, ce qui eft encore, ce qui furvient, qui doit
venir ou arriver.

Les *turus*, *tura*, *turum*; ce qui couvre, ce qui
vient au-deffus.

Sapere, favoir, *ʒap e'rai*, qui fent, qui connoît,
qui a *gout*, Celtique, fignifiant comme en Hébreu,
la connoiffance, le favoir.

Et, Celtique, le participe allé, pris en François

pour la conjonction &, c'eſt le même que notre *été* François, allongé d'une lettre ; les *etus, eta etum* des Latins, & les *étos, été, éton* des Grecs.

Poſſe ou *potere*, anciennement *bout é rai*, être faiſant, c'eſt-à-dire , pouvoir faire, être en état d'exécuter.

Me Latin, *mé* Celtique ; les *me, mei, mi ,* moi ; *mé* Grec, trop reconnoiſſable, & non déguiſé, comme l'eſt le *mir* Allemand, qui eſt un autre, & la racine de *mirer.*

Donet, daonn, à notre part, ou ce qui eſt pour nous ; c'eſt la choſe qui nous eſt deſtinée, qui nous appartient ; le même que le *doron* Grec, qu'on a vu d'abord.

Si quelque perſonne étoit en état de démontrer le contraire de ce que l'on préſente, on lui auroit une ſincère obligation de s'en occuper.

Poſtcrit. Quelques pages vacantes à la fin de ce morceau , ont donné l'idée de les remplir de quelques notions relatives à l'Ouvrage, & intéreſſantes pour ſon Auteur.

Il n'a pas craint le défagrément annoncé aux Gens de Lettres, par le proverbe Chinois, qui dit : que c'eft s'expofer à mourir de faim, que de s'occuper à inftruire les Nations. Il a, ce touchant, des idées tout-à-fait oppofées ; & il penfe, quelque chofe qu'on faffe, & quelque chofe que l'on puiffe dire, « que l'inftruction des hommes » eft la chofe la plus importante pour la Société » ; que dans ce cas, il faut tâcher de furmonter les obftacles, pour parvenir à un but qui intéreffe tous les humains.

Lorfque le Sceptre du plus beau des Roiaumes, venoit de paffer aux mains d'un Prince, que la renommée, fes bonnes qualités, & les vœux de toute la France, annonçoient comme le Reftaurateur de la Nation ; la juftice & la paix s'étoient embraffées, la vérité s'étoit approchée ; & les trois s'étoient réunies, pour fignaler dans fon règne, celui du meilleur des Rois.

La découverte de la vérité en tout genre, étoit, fans contredit, le préfent le plus digne de lui. C'eft ce qui avoit éprouvé des efforts pénibles, & fupérieurs, peut-être, aux facultés. On marchoit avec cette affurance, foutenue par la penfée de ce Vers de Virgile :

Tu ne cede malis, fed contra audentior ito.

On efpéroit parvenir à la fin de l'entreprife, pour offrir le plus beau des hommages, le Monument le plus magnifique de ceux qui eurent rapport à l'humanité.

Les témoignages qui ont empêché l'Auteur de fe déconcerter, lui ont été trop fenfibles, pour les oublier ; & les perfonnes qui ont pris intérêt à la chofe, les verront peut-être avec une efpèce de fatisfaction.

LETTRE de M. le Chevalier de la Coudraie, ancien Officier des Vaiffeaux du Roi.

Monfieur, j'ai lu cette Introduction à la Langue des Celtes-Gomérites, qui peut elle-même fervir à la connoiffance de toutes les Langues de l'Univers ; c'eft à préfent, que vous devez être follicité à produire le grand Ouvrage, qui développera dans tout fon jour, les liaifons & l'avantage de cette découverte; je le juge, du moins, par ce que j'éprouve; & je fuis convaincu, que M. Oberlin, à qui vous préfentez cette idée dans la Lettre Dédicatoire qui précède votre Ouvrage, vous y engagera de tout fon pouvoir.

Si quelqu'un a droit, Monfieur, à être appellé l'homme de l'Univers, on ne peut contefter vos titres; car celui-là, certainement le mérite, qui leur ouvre la voie de s'entre-communiquer leurs idées, fans lequel moyen, il n'eft, ni fociété, ni commerce. Quoique j'euffe déjà eu l'avantage de vous entendre parler fur cet objet; & même, de recevoir de vous quelque notes, où la conformité du langage Celte avec plufieurs autres Langues, étoit très marquée; cependant, j'ai été frappé jufqu'à l'admiration, du rapport extraordinaire qu'il a dans une phrafe auffi longue, avec quinze Langues anciennes & diftinctes, que l'on fait être elle-même, la racine d'une infinité d'autres. Pourquoi cette démonftration littérale n'eft-elle point imprimée avec vos Elémens de la Langue Gomérite ? Je dis cela, parce que je ne doute point qu'il ne fe trouve beaucoup d'incrédules, puifque moi, votre admirateur & convaincu, je ne puis concevoir encore comment il y a pu avoir une Langue première. Or, rien n'eft plus propre à forcer la croiance, qu'une comparaifon fimple, littérale, facile, telle que celle de votre démonftration.

Recevez donc tous mes remerciemens, honnête & favant Citoyen du monde. Je m'emprefferai à faire connoître à tous les Co-habitans de mon païs, votre Ouvrage, pour qu'ils vous connoiffent & vous admirent comme je le fais. Et foiez certain que perfonne n'eft plus fincèrement que moi,

  Monfieur,

    Votre très-humble & très-obéiffant ferviteur,

    le Chevalier DE LA COUDRAIE.

    I N.